Le Burn Book

Victoria

Le BURN BOOK

Le meilleur moyen pour te défouler !

Hugo Image

JE SUIS…

donc j'écris !

Tu vas voir qu'écrire, dessiner, gribouiller, **laisser exprimer ta colère**, ta frustration, tes doutes, ta détestation contre une ou plusieurs personnes, va te faire un bien fou.

Je le sais, j'écris régulièrement dans mon Burn Book.

Ici, **tu peux commencer à écrire une lettre** à cette personne que tu détestes vraiment et tu vas lui expliquer pourquoi. Y a-t-il une raison précise, ou bien est-ce un condensé de plein de trucs, de situations, de crasses qu'il/elle a faites, est-ce que c'est sa personnalité qui t'agace, etc ?

Tu peux te lâcher (ouiiii), dire tout ce que tu ressens envers cette personne. Plus tes mots seront « négatifs », plus ce sera efficace - car n'oublie pas, l'idée, c'est que toi, ça doit te soulager et te faire du bien !

N'oublie pas non plus que c'est ton journal,

PERSONNE NE DOIT TE LIRE !

EN BOULE

Réécris exactement ce que tu viens d'écrire dans la page précédente, mais cette fois, tu vas déchirer la page. Tu verras, ça fait un bien fou. Pour la suite, je te propose plusieurs options :

- **Tu roules cette lettre en boule, la piétines**, la ratatines, la pulvérises, et la jettes dans les toilettes et **tires la chasse** (attention à tes canalisations !)

- Tu la places **au fond du congélo** et la voilà transformée en boule de glace (ah ah) ;

- **Tu la jettes dans le feu de cheminée** et tu la regardes se consumer en contemplant la disparition de l'encre et du papier (adios bolosse !).

Du début
À LA FIN

Raconte ton histoire. Comment, **après une belle relation**, tu as fini par **te disputer et rompre** avec ton ex. (amitié ou amour). Puis, au fil du temps, comment tu es parvenue à **tirer un trait final** sur cette amitié/cet amour.

	1. Ça a débuté ainsi :	**2. Peu à peu, ...**	**3. Puis j'ai commencé...**
4. Et là, elle/il m'a dit...	**5. Ça devenait difficile de...**	**6. Alors, j'ai...**	**7. Je me suis rendu compte que...**

8. Ça m'a fait super…	**9. Je me suis retrouvée complètement…**	**10. Plusieurs jours ont été nécessaires pour…**	**11. Je n'étais vraiment pas…**
12. Là, je me suis dit, bon, réagis ma fille, et j'ai…	**13. J'ai appelé…**	**14. J'ai fait…**	**15. Franchement, c'était…**
16. Heureusement que…………………… était là pour…	**17. Elle/il m'a donné des tas de conseils comme…**	**18. J'ai décidé de tout reprendre à zéro et de faire…**	**19. Je me suis mise à… / au…**
20. J'ai beaucoup écrit dans mon burn book :)	**21. Là, j'ai commencé à ressentir le *girl power* car…**	**22. On ne le dira jamais assez mais…**	**23. Et si je m'en suis sortie, c'est parce que…**
24. Bon O.K., ce n'est pas aussi…	**25. Mais je tiens le…**	**26. Et on peut dire que…**	**27. Voilà, ce n'est pas…**
28. Mais c'est essentiel si…	**29. Car quand on veut s'en sortir,**	**30. Un seul moyen…**	**31. celui de tourner la page**

La TO BURN *list*

De quoi pourrais-tu **te passer** pour te permettre de **te sentir bien mieux** ?

Tu n’es pas obligée de répondre à tout si tu n’en ressens pas le besoin !

→ **Sur les réseaux**

→ **Chez toi**

→ **Dans tes relations**

→ **Dans ton milieu professionnel**

→ **Dans ta famille**

TON ENNEMI EST TON AMI

(enfin c'est ce qu'il croit ha ha ha !)

Ce n'est pas facile à faire et ce n'est pas donné à tout le monde, mais pour mieux contrôler ton ennemi juré, **tu dois être stratégique et politique**.

Les ennemis, c'est pénible, ils peuvent te mettre des bâtons dans les roues, et finir par te nuire et te pourrir la vie.

Il existe un truc imparable :
transformer ton ennemi en ami.
Voici quelques conseils.

Rends service à ton ennemi (si si). La personne se dit « Tiens, finalement elle/il est sympa, serviable, aimable… » et, hop, tu te la mets dans la poche, mais toi, tu sais qu'un jour, tu l'auras ta vengeance (ahahahaha, rire de sorcière).

Sois d'accord avec elle/lui « Mais oui, tu as tellement raison Pierre-Paul-Jacques », « C'est si vrai, si profond ce que tu dis Jenna-Léa-Dana »… Partage ses opinions (même si tu penses le contraire), ça va bien la/le déstabiliser.

Deviens l'ennemi de son ennemi, ça va créer des liens. Bon après, si elle/s'il a beaucoup d'ennemis, ça devient plus difficile.

Fais comme si sa vie était passionnante, pose-lui des questions, écoute-la/le même si franchement, hein, bon, c'est (bâillement) d'un ennui… Cet intérêt pour sa petite personne va la/le conforter dans l'idée que, finalement, tu es un être extraordinaire.

QUOI D'AUTRE ?

Note tes idées de fin stratège.

RÉGLER SES COMPTES
sans calcul

On va parler de ton ex.
Tu la/le détestes au plus profond de toi.

Dans un tableau à trois colonnes, **écris une liste de mots qui la/le qualifient le mieux.**

N'OUBLIE PAS :
TU PEUX TE LÂCHER.

Je n'aime pas	Je déteste	Je hais

PORTRAIT
du pire

:~

Là, tu es à deux doigts de craquer tellement cette personne t'horripile, te file des boutons, te fout la gerbe, le cafard, le bourdon (O.K., j'arrête). Pour te défouler, je te propose de **réaliser son portrait, mais en bien moche**, en bien caricatural, enfin selon tes talents de dessinateur ! Ensuite, tu punaises son portait sur ton mur et tu peux t'entraîner à **le viser avec des fléchettes**.

Point + de cet exercice :
tu renforces ta concentration
sur un objectif précis !

LES FEUX
du désamour

→

Tu as été consumée par la passion, et maintenant tu connais les flammes de la colère ?

Écris les titres de chaque épisode de ta vie
(qui deviendra une série à succès !)

Épisode 4

Épisode 5

Épisode 6

Épisode 7

Épisode 8

Épisode 9

Épisode 10

Épisode 11

Épisode 12

Épisode 13

Épisode 14

Épisode 15

LES PALMES D'OR
des débiles

Parmi les personnes que tu ne peux pas encadrer, **tu dois décerner plusieurs prix** (vu que le jury, c'est toi et toi-même, ça devrait aller vite) :

PALME D'OR

....

PRIX DU JURY

....

PRIX D'INTERPRÉTATION DE LA BÊTISE MASCULINE

....

PRIX D'INTERPRÉTATION DE LA BÊTISE FÉMININE

....

PRIX DU SCÉNARIO LE PLUS STUPIDE POUR TE LARGUER

....

MOTS *tordus*

Voici un exutoire intelligent !
On a le droit de **détester**
tout en s'instruisant, eh si !

Dans cette méga-grille que je t'ai concoctée,
retrouve 13 mots de ce que tu ressens
quand tu penses à qui tu sais.

- AAAAAAAAAAAH *(cri de rage)*
- BOUFFON
- COLÈRE
- DÉBILE
- ENFER
- ESPÈCE DE
- LOSER
- JE TE HAIS
- MOCHETÉ
- MOUCHERON
- POURRIR TA VIE
- TU PUES
- VENGEANCE

E	N	F	E	R	Z	K	J	X	Y	T	F	Y	Z
J	S	X	O	E	S	P	È	C	E	D	E	B	Y
D	C	O	L	È	R	E	O	K	T	X	Y	R	Z
O	X	S	M	P	B	K	J	Z	F	B	M	G	W
G	R	P	J	E	T	E	H	A	I	S	F	P	M
E	J	Q	S	X	T	R	Y	S	Y	W	L	D	O
S	I	W	R	Y	V	B	Q	T	U	P	U	E	S
M	O	C	H	E	T	É	K	E	N	Y	W	Y	O
W	V	E	N	G	E	A	N	C	E	W	H	V	G
O	L	O	S	E	R	Y	B	O	U	F	F	O	N
A	A	A	A	A	A	A	A	A	A	A	H	K	Y
E	A	P	O	U	R	R	I	R	T	A	V	I	E
K	M	W	F	X	D	É	B	I	L	E	R	F	J
C	Z	I	M	O	U	C	H	E	R	O	N	N	P

L'art de la PERFORATION

Même si tu ne dessines pas les portraits aussi bien que Léonard de Vinci, tu peux t'exercer à **tracer les contours du visage de cette personne**, cette personne-là, qui te pourrit la vie, puis tu vas **prendre ta perforeuse** et **faire des trous** dans son visage.

Plus tu fais des trous, plus tu vas sortir cette personne de ta tête.

Tu vas voir, ça marche !

LES COUPONS-RÉPONSES

Une ou plusieurs personnes méritent des réponses de ta part. Et tu es sympa.

Voici **quelques messages** que tu pourrais leur faire passer.

Le test de la SAGESSE (savoir pardonner !)

→

TU VIS DANS LE PRÉSENT, LE PASSÉ OU LE FUTUR ?

1. Demain, tu organises une fête.
♡ Tu es angoissée.
✲ Tu repenses à ta vie passée.
▲ Tu essaies de calmer ton excitation.
✦ Tu te concentres sur les préparatifs.

2. Tu feuillettes un album de photos. Tu penses :
♡ On ne contrôle vraiment rien.
✲ De quoi demain sera fait ?
▲ Je ne me souviens plus trop de ces moments.
✦ J'aimerais tant revivre ces instants !

3. Ce qui t'angoisse :
♡ Le temps pour les prochaines vacances.
✲ L'intégration de ton enfant dans sa nouvelle classe.
▲ Ton bilan professionnel à la fin de l'année.
✦ Aller chez le médecin (n'importe lequel).

4. Tu dois déménager dans trois mois.

- ♡ Tu te sens ballotée entre deux vies.
- ✵ Tu as déjà un pied dans ta nouvelle existence.
- ▲ Tu te prépares jour après jour.
- ✧ Tu vis déjà dans la nostalgie.

5. La fête que tu as donnée est terminée. Tu es fatigué(e) et…

- ♡ Heureuse.
- ✵ Découragée à l'idée de tout ranger.
- ▲ Frustrée de ne pas avoir pu autant en profiter.
- ✧ Impatiente de t'isoler pour retrouver le calme.

6. Il t'arrive souvent d'oublier :

- ♡ Les dates d'anniversaire.
- ✵ Les parapluies, gants, écharpes.
- ▲ Les rendez-vous.
- ✧ Ce que vient de dire ton interlocuteur.

7. Comment s'exprime ton pessimisme ?

- ♡ Le meilleur est derrière.
- ✵ Je n'ai pas de chance.
- ▲ Le plus dur est à venir.
- ✧ C'est notre destin.

8. Tu affrontes un échec professionnel. Comment réagis-tu ?

- ♡ Tu restes sans voix.
- ✵ Tu élabores aussitôt un plan B.
- ▲ Tu digères le choc en prenant ton temps.
- ✧ Tu te repasses en boucle le film du début à la fin.

9. Tu as un peu de temps devant toi. Tu en profites pour :

- ♡ Jeter un œil sur ton avenir.
- ✵ Modifier un ou deux choix du passé.
- ▲ Examiner ton présent avec attention.
- ✧ Ne rien faire.

Calcule ton résultat

	♡	☆	▲	✦
1	B	C	A	D
2	D	B	A	C
3	B	D	C	A
4	A	B	D	C
5	D	B	A	C
6	B	A	D	C
7	C	D	B	A
8	A	B	D	C
9	B	C	D	A

UNE MAJORITÉ DE A

Tu vis hors de ton corps

Tu es physiquement là, mais ta tête est ailleurs. Tu ne comprends pas trop ce qui t'arrive. Tu es souvent distraite et tu manques de concentration. Or c'est seulement par les sens que tu peux vivre le moment présent.

UNE MAJORITÉ DE B

Tu vis dans le futur

Tu es très anxieuse. Ton système d'alerte est déréglé et tu as une vision pessimiste de la vie. En gros, comme le danger est partout, ton mental fonctionne en permanence pour élaborer des stratégies de défense. Cela peut s'expliquer par des modèles de parents anxieux ou une éducation très protectrice.

UNE MAJORITÉ DE C

Tu vis dans le passé

Tu rumines, tu ne cesses de réécrire l'histoire. Tu n'arrêtes pas de te dire « j'aurais dû, j'aurais pu... ». Si c'est le point de départ d'une remise en question, c'est plutôt positif. Mais si c'est pour rester figée dans tes regrets, ce n'est pas bon signe, tu risques de déprimer. En demeurant dans le passé, tu es toujours dans la colère et la rancœur. Cela peut s'expliquer par une incapacité à te remettre en question, par le fait que tu n'es pas satisfaite de ta vie.

UNE MAJORITÉ DE D

Tu vis dans le présent

Ce qui signifie aussi que tu as une bonne confiance en toi et que tu sais naviguer entre le passé et l'avenir et tirer des leçons de tes expériences pour construire des projets. Tu as conscience de ce qui se passe autour de toi et tu écoutes tes sensations et émotions pour mieux te comprendre. Tu profites des bons moments de la vie, sans fuir dans le passé ni te projeter dans le futur.

Le jeu DES ÉTIQUETTES

→

Écris des étiquettes, comme celles que tu collais sur tes livres et cahiers quand tu étais à l'école.

Pour chaque personne (ou la même d'ailleurs), **écris ce que tu veux.**

Tu n'es pas drôle

Tu n'as pas d'amis

Tu es infect

Tu n'as pas de vie

Tu es complètement BARRÉE

Eh bien, justement, **barre, raye, rature**
toutes les choses/attitudes/traits de caractère
qui font défaut aux personnes
que tu n'apprécies que moyennement
ou pas du tout !

GÉNÉROSITÉ

SENSIBILITÉ

SINCÉRITÉ

FRANCHISE

HUMOUR

AUTHENTICITÉ

LOYAUTÉ

Ouverture d'esprit

Écoute

FIDÉLITÉ

EMPATHIE

HONNÊTETÉ

BIENVEILLANCE

INTÉGRITÉ

AMABILITÉ

DIGNITÉ

ALTRUISME

Honneur

Compassion

ATTENTION

HUMANITÉ

MORALITÉ

PENSÉES *intimes*

Tu vois, je te l'avais dit, **écrire fait un bien fou.** Pas sur son téléphone, non, mais sur ce cahier, avec un crayon ou un stylo, car ta main est le prolongement de tes pensées. Tu vas être surpris(e) du résultat et étonné(e) de ce qui remonte à la surface. **Tu peux écrire n'importe quoi, jouer, dessiner**, mais l'acte d'écrire, c'est presque **comme méditer**, et ici tu peux **calmer ta colère**.

Moi, quand j'ai tendance à ruminer, **écrire me permet de relativiser et de mieux voir ce qui est clairement en jeu**. En gros, tu prends du recul face à tes émotions. Tu peux écrire des choses sensibles, méchantes, interdites, tu es libre !

VAS-Y, LANCE-TOI !

LIGNES
d'écriture

Je suis en colère Je suis en colère Je suis en colère Je suis en colère Je suis en colère Je suis en colère Je suis en colère Je suis en colère Je suis en colère Je suis en colère Je suis en.........

....
....
....
....
....
....
....
....
....
....
....
....
....
....

Ça va mieux en l'écrivant Ça va mieux en l'écrivant Ça va mieux en l'écrivant Ça va mieux en l'écrivant Ça va mieux en l'écrivant Ça va mieux en l'écrivant Ça va mieux en.....

LETTRE

à un connu* qui m'a bien ☠

Tu vas commencer comme ça :

« Je vais te dire des choses que je n'ai jamais dites auparavant.

- Voilà ce que tu m'as fait :
- Voilà ce que j'ai éprouvé :
- Voilà quel effet cela a eu sur ma vie :
- Voilà ce que j'attends à présent :

* Le connu n'est pas une personne connue mais juste une personne que tu connais :)

TOP 5

des trucs pas cools qui me sont arrivés à cause de..............................

5. ______

4. ______

3. ______

2. ______

1. ______

Test de PERSONNALITÉ

QU'EST-CE QUI TE MET VRAIMENT EN COLÈRE ?

1. Dans un bar, un serveur ne fait pas attention à toi. Tu te dis :

✳ Il m'a oublié.

● Il se fiche de moi.

♡ Il fait mal son travail.

2. Lorsque tu es en colère, que fais-tu pour te calmer ?

✳ Tu en parles à quelqu'un ou tu écris ce que tu ressens.

● Tu essaies de penser à autre chose et tu t'absorbes dans une activité.

♡ Tu t'isoles pour te calmer et réfléchir.

3. Ta devise :

✳ Je veux que l'on m'aime.

● Je ne veux pas juste que l'on m'aime, je veux aussi que l'on me préfère.

♡ Je veux juste que l'on me respecte.

4. Un ami ne te rappelle pas malgré tes messages :

✳ Tu te demandes sur ce que tu as pu faire de mal.

● Tu t'énerves contre lui.

♡ Tu es déçu, finalement on ne peut compter sur personne.

5. Tu as eu des mots durs lors d'une dispute :

✳ Tu as peur que la relation soit gâchée.

● Tu es en colère contre ce qui t'a mis dans cet état.

♡ Tu te sens mal à l'aise envers cette personne.

6. Tu es assise tranquille sur un banc. Tout est super calme. Soudain, une personne qui parle très fort au téléphone s'assoit à côté de toi.

✳ Tu pars aussitôt.

● Tu simules la folie, tu parles à tes mains, tu renifles très fort.

♡ Tu lui demandes si elle ne veut pas s'installer sur tes genoux.

7. Témoin d'une injustice, tu n'es pas intervenu. Tu penses :

✳ Pourquoi n'ai-je rien fait ?

● Pourquoi personne n'a bougé ?

♡ Pourquoi les êtres humains sont-ils si méchants ?

8. Ce qui t'a mis récemment très en colère à ton boulot :

✳ Un blocage t'a empêché de parler en réunion.
● Tu n'as pas trouvé la solution à un problème.
♡ Un collègue moins compétent a été promu à ta place.

9. Ce qui te met le plus en colère :

✳ Les arrogants.
● Les égoïstes.
♡ Les tricheurs.

10. Vers quoi pourraient te pousser tes colères, à la longue ?

✳ À la déprime (j'ai un problème).
● À la parano (je ne peux faire confiance à personne).
♡ À la misanthropie (je vous déteste tous, bande de losers).

UNE MAJORITÉ DE ✳

Tu es en colère contre toi-même.

Lorsque tu penses échouer, ou que l'on te critique, la colère monte, mais contre toi uniquement. Tu es compréhensive avec les autres, mais pas avec toi. Tes colères cachent la peur de décevoir, de ne pas être à la hauteur. Ton problème, c'est ce perfectionnisme, épuisant et stressant.

L'idée : tu dois garder ton souci de bien faire, mais comme un idéal, pas comme une exigence. Sois indulgente avec toi-même.

UNE MAJORITÉ DE ●

Tu es en colère contre les autres.
Cette personne est impolie, t'agresse, t'ignore ? Dans tous les cas, c'est ce que tu ressens et ça t'énerve énormément, car tu es très (trop) exigeant avec les gens. Pour toi, ne pas être respecté, c'est être interpellé sur le fait que tu n'es peut-être pas respectable.
L'idée : reste sensible à la qualité des liens, et lorsque tu ressens une certaine blessure envers toi-même, cherche d'abord à comprendre, à relativiser, à parler à l'autre pour lui exprimer tes sentiments.

UNE MAJORITÉ DE ♡

Tu es en colère contre le monde et la société.
Beaucoup de choses te révoltent – violence, injustice, bêtise –, et pour toi, la colère est un outil pour changer le monde, sinon tout continuera. C'est sain, si tu canalises ton énergie en action pour que le monde change – et non en cris.
L'idée : n'oublie pas, il faut de tout pour faire un monde ! Tu vas donc te préparer à mieux agir, sans débordements inutiles, et réinvestir l'énergie de la colère en motivation et en engagement.

QUI SUIS-JE *vraiment ?*

Mais oui, **qui es-tu vraiment** ?
Une petite analyse s'impose !

Avec les proches

→ Qu'as-tu en commun avec ta ou ton meilleur.e ami.e ?

→ Avec quelle personne es-tu la plus complice ?

→ Tu te sens bien avec des gens qui…

→ Que pense, à ton avis, ton entourage proche de toi ? Quelle image donnes-tu de toi ?

→ Comment les autres te perçoivent ?

Avec la famille

→ Quelle est l'image que tu as tendance à projeter dans ta famille ?

→ Quelle image de toi revient fréquemment ?

Avec le travail

→ Quelles sont les qualités et compétences appréciées et moins appréciées dans ton milieu professionnel ?

LE SCÉNARIO
de tes rêves

Deviens scénariste et imagine les personnes que tu préfères détester dans les situations **les plus improbables.**

Tu dois utiliser des mots-clés, comme « soudain », « peur », « enfer », « tout à coup », « oh non », « hélas », « il faut dire que… », « et c'est ainsi que », « je n'ai jamais autant ri de ma vie », « enfin ».

ACTION !

Scène 1

Scène 2

Scène 3

FIN

JEU DE L'OIE

Pour ne plus te faire plumer par de gros losers, lance ton dé et découvre ta nouvelle vie.

9. Tu retombes sur ton ex, par hasard. Tu es guéri, cela ne te fait plus rien !

Départ

10. Journée plaisir : à toi de la définir.

11. Retourne en case 2.

1. Tu rencontres une personne exceptionnelle.

2. Tu pars en vacances à Bali.

8. Tu adoptes un chat, euh, non, un chien, oh, puis non, un poisson rouge.

7. Toute ta colère a disparu.

6. Retourne en case 2.

Arrivée

12. Ça va mieux, non ?

5. Tu tombes sur ton ex par hasard. Retourne sur la case départ.

3. Tu croises ton idole.

4. Ton profil intéresse un directeur de casting.

JE CHANTE ma colère

Ça me relaxe ! Voici **une petite sélection** de chansons pour **te défouler** un peu. Ces chansons, même si elles sont plutôt politiques et engagées, permettent d'exprimer ta colère et surtout de **relativiser** !

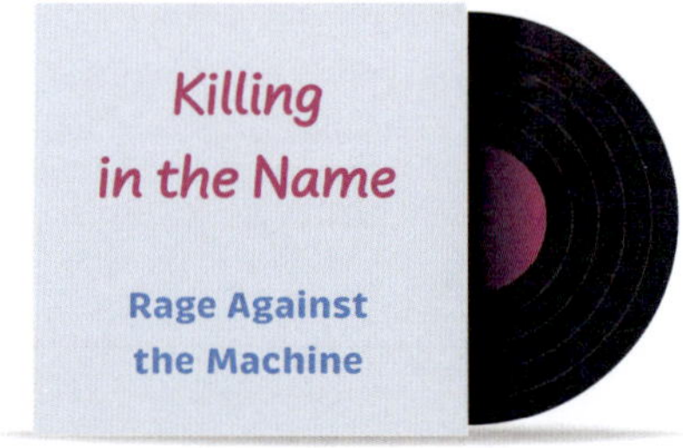

On retiendra *Fuck you I won't do what you told me*, voilà, au moins, c'est dit.

Je ne traduis pas, d'accord ?!

Je ne traduis pas,
d’accord ?!

Je ne traduis pas,
d’accord ?!

Je ne traduis pas,
d’accord ?!

Je ne chante pas la suite,
d’accord ?!

Ah ben, là, je n’ai pas
besoin de traduire !

LES HUMEURS

Il y a **des jours avec et des jours sans.**
À toi de dessiner ton humeur du jour.

LUNDI matin ◯	**LUNDI** après-midi ◯
MARDI matin ◯	**MARDI** après-midi ◯
MERCREDI matin ◯	**MERCREDI** après-midi ◯
JEUDI matin ◯	**JEUDI** après-midi ◯
VENDREDI matin ◯	**VENDREDI** après-midi ◯
SAMEDI matin ◯	**SAMEDI** après-midi ◯
DIMANCHE matin ◯	**DIMANCHE** après-midi ◯

Pourquoi C'EST GÉNIAL d'être ami avec moi

Fais **une liste de tes qualités,**
ce qui fait de toi **une bonne amie**
et quelqu'un de confiance, à qui on peut
se confier et avec qui on peut s'amuser !

À L'ORIGINE

Tu vas essayer de **te souvenir** comment ta colère envers TrucMuche **a commencé.**

C'était génial parce que :	C'était compliqué parce que :	Ce n'était plus génial parce que :
....	....	....
....	....	....
....	....	....
....	....	....

Début de notre relation	Milieu de notre relation	Fin de notre relation
Date :	Date :	Date : ....

Il existait déjà ce petit quelque chose qui me :	Je n'étais plus sûre de :	Il fallait que l'on se sépare parce que :
....	....	....
....	....	....
....	....	....

ET TOC !

ou l'art de la repartie

Tu le sais parfaitement, le nombre de fois où tu t'es dit « **Mais pourquoi je ne lui ai pas dit ça et ça, j'aurais dû dire, oh mais non…** » Pour la prochaine fois, je propose une petite liste de tout ce que tu rêverais de dire à cette personne-là. Tu peux en choisir autant que tu veux (citations librement adaptées d'autres existantes), mais surtout note celles que tu voulais dire, on ne sait jamais, **ça pourrait servir !**

- ☐ « Ma chérie, tu verras, le succès t'arrivera quand tu auras du talent. »
- ☐ « Je fais comme toi, je ne pense pas. »
- ☐ « Tu as un corps à ouvrir des portes chez Abercrombie, mais c'est bien tout.»
- ☐ « Je devrais parler à tes chaussures, elles ont plus de choses à dire que toi.»
- ☐ « Peux-tu manger un bonbon à la menthe, tu as une haleine des Marseillais aux Caraïbes 2019. »
- ☐ « J'étais chez ces gens où tout brillait. Leurs cheveux, leurs vêtements, leur piscine. Tout brillait sauf leur intelligence. »
- ☐ « Tu as un melon de type coiffe bigouden. »
- ☐ « Il a annulé toutes ses interviews parce qu'il s'est fait une torsion des testicules. Je ne t'ai rien dit, évidemment.»
- ☐ « T'es sexy ce matin, on dirait l'Abbé Pierre jeune. »

Je me prends AU MOT

Regarde ce beau nuage de mots !
Magnifique, n'est-ce pas ?
Tu peux le regarder aussi souvent
et aussi longtemps que tu le souhaites,
juste pour sentir **les bonnes vibes en toi.**
Colère évacuée et réconfort assuré.

RIRE FÊTE

VOYAGES LIBERTÉ

LOYAUTÉ AMITIÉ

OPTIMISME RENCONTRES

DÉCOUVERTE

JOIE

AMOUR *Toujours*

Bonheur

FIDÉLITÉ

Ce n'est pas DU CINÉMA

→

Petit jeu défoulant.

Choisis le film dans lequel
tu aimerais voir ton ennemi préféré
affronter les pires situations.
Ça fait du bien, non ? ;-)

Titanic

(pas de chance quand même)

The Thing

L'Attaque des Titans

Alien

Massacre à la tronçonneuse

The Walking Dead

Squid Game

L'Exorciste

Chérie, j'ai rétréci les fosses

(oups, pardon, mais t'es où ?)

Et toi, dans quels films tu imagines ton pire ennemi ?

ASSOCIATIONS

Tu vois, j'ai choisi **quelques jolies images** pour illustrer tes ex-amis.

Face à chaque image, **écris le prénom** de la personne à **qui te fait penser cet animal** et explique, en quelques mots, **pourquoi cet animal incarne le mieux** cette personne.

NB : si tu as choisi le rat, le cochon, ou le serpent, sache que, dans les signes astrologiques chinois, le rat est intelligent, rusé et craintif, le cochon est compatissant, généreux mais naïf et le serpent symbolise la sagesse, le matérialisme et aime être seul.
Es-tu donc sûr de ton choix ? :)

La liste DE MES EX

→

Classe tes ex. par ordre de détestation !
N'oublie pas d'écrire **un joli petit mot**
pour chacun d'entre eux.

Et ajoute des cœurs et des ....
que tu trouveras en fin de cahier !

NON, OUI,

mais non, merci

As-tu déjà joué **au jeu du non** ? Non ?
As-tu **du mal à refuser** une demande/une proposition de peur de contrarier l'autre ?
Penses-tu qu'il est **absolument nécessaire d'avoir toujours une bonne raison ou excuse pour refuser** quelque chose que tu ne veux pas faire ?

EH BIEN, TU AS TORT !

Si tu n'as pas envie, tu as le droit de dire non !

Quelques exemples de « Oui, mais non, merci » :

- ☑ *Merci, mais j'ai déjà un rendez-vous de prévu.*
- ☑ *Franchement, je n'ai pas le temps de m'en occuper maintenant.*
- ☑ *Merci pour la proposition, mais je ne peux pas l'accepter.*
- ☑ *C'est super sympa de penser à moi, mais là, je ne peux vraiment pas !*

À toi de continuer :

SAVOIR
tenir sa langue

Rarement, euh non, parfois,
souvent même, il nous arrive de **ressentir une certaine colère envers une personne** (ou plusieurs), mais on est bien éduqué, on sait se tenir et garder sa rage en soi. Là, enfin, vas-y, tu as la possibilité de tout balancer, **ne te retiens plus, déverse tes meilleurs mots !**

PERSONNE 1

Qui c'est ? ______________________

____

Qu'est-ce qui s'est passé ? ______________________

____

Ce que tu aurais pu dire (ça doit faire mal quand même*) ______________________

____

PERSONNE 2

Qui c'est ? ______________________________

____

Qu'est-ce qui s'est passé ? ______________________________

____

Ce que tu aurais pu dire (ça doit faire mal quand même*) ______________________________

____

PERSONNE 3

Qui c'est ? ______________________________

____

Qu'est-ce qui s'est passé ? ______________________________

____

Ce que tu aurais pu dire (ça doit faire mal quand même*) ______________________________

____

PERSONNE 4

Qui c'est ? ______________________________

____

Qu'est-ce qui s'est passé ? ______________________________

____

Ce que tu aurais pu dire (ça doit faire mal quand même*) ______________________________

____

* Tu peux adoucir tes propos en collant des stickers cœurs ♡

LES CERCLES

des amis disparus et apparus

Tu vois cette page, là, sous tes yeux ?
Elle est blanche, sans aucune tache,
à part les quelques mots que j'ai écrits
pour te raconter ce que tu devais faire.
Tu vas tracer de tout petits ronds sur toute
la page, que l'on ne voit plus un espace blanc.
C'est mieux qu'un mandala, c'est super défoulant,
et tu peux battre le record du plus grand nombre
de cercles tracés sur une page !

Tu peux colorier tes amis et laisser en blanc
les disparus, ou l'inverse !

MES COLÈRES

blanches, bleues, noires

On dit « Je suis rouge de colère », et « je suis dans une colère noire », mais on ne dira pas « je suis noire de colère », c'est bizarre le français :) Bref, **par quoi passes-tu justement pour calmer ta colère ?** Colorie en rouge, bleu ou noir tous les sentiments que tu peux ressentir. Tu peux aussi continuer ce cercle et ajouter des qualificatifs pour **transformer cette rage en des émotions plus positives.** Par exemple, ta colère pourrait devenir de la motivation et de l'énergie créative. Certains artistes composent quand ils sont en colère et cela donne des chefs-d'œuvre !

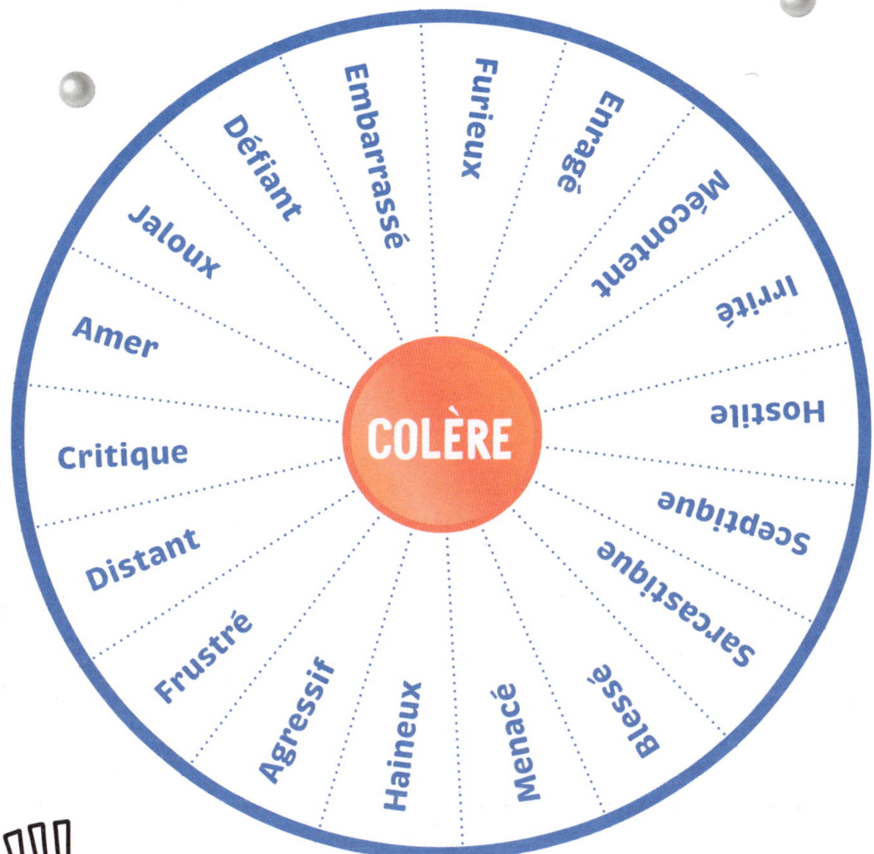
COLÈRE
Furieux
Enragé
Mécontent
Irrité
Hostile
Sceptique
Sarcastique
Blessé
Menacé
Haineux
Agressif
Frustré
Distant
Critique
Amer
Jaloux
Défiant
Embarrassé

MA SÉRIE

préférée

J'ai un peu changé la thématique de la série *13 Reasons Why* pour en faire une version plus light et plus libératrice. Ça s'appelle « **Les 13 raisons de pourquoi je ne veux plus te voir** ». Elle sera peut-être bientôt adaptée à la télé :)

Épisode 1

Je ne veux plus te voir parce que

____

____

____

Épisode 2

Je ne veux plus te voir parce que

____

____

____

Épisode 3

Je ne veux plus te voir parce que

____

____

____

Épisode 4

Je ne veux plus te voir parce que

____

____

____

Épisode 5

Je ne veux plus te voir parce que

Épisode 6

Je ne veux plus te voir parce que

Épisode 7

Je ne veux plus te voir parce que

Épisode 8

Je ne veux plus te voir parce que

Épisode 9

Je ne veux plus te voir parce que

Épisode 10

Je ne veux plus te voir parce que

Épisode 11

Je ne veux plus te voir parce que

Épisode 12

Je ne veux plus te voir parce que

Épisode 13

Je ne veux plus te voir parce que

BURN BOOK

vs réseaux sociaux

Dans ton burn book, **tu peux tout écrire**, puisque c'est le tien et personne ne le lira jamais. Sur les réseaux, par contre, la liberté de dire tout ce que l'on pense **ne devrait pas être permise**. Mais, tu sais tout comme moi, que dès qu'on poste, **on n'est jamais à l'abri de la haine**, de la jalousie et des insultes en tout genre.

Note ici tout ce qui t'agace et **te met en colère sur les réseaux sociaux.**

THANK YOU,

next !

Écris tous **les remerciements**
que tu veux à tes ex !
Ajoute cœurs et XXX.

- Merci de m'avoir brisé le cœur, ça m'a permis de me réveiller et de trouver la meilleure version de moi-même.
- Merci de m'avoir quitté, ça m'a enfin permis de
- Merci d'être parti, sans toi, je me sens tellement plus confiante et

♡ Merci de

♡ Merci de

♡ Merci de

♡ Merci de

♡ Merci de

♡ Merci de

TU VOIS
ce que je vois ?

Regarde ces images et dis ce que tu vois **en premier** !

Si tu vois des chats, il faut que tu arrêtes de stresser quant à ta vie perso.

Si tu vois un chien, tu ne brusques pas les choses car tu attends la personne idéale.

Si tu vois un oiseau, tu restes traumatisée par une relation passée.

Si tu vois deux femmes, tu préfères être célibataire.

Si tu vois un papillon, tu as une idée claire de ce que tu recherches.
Si tu vois des visages, tu n'as pas peur de montrer ta vraie nature.

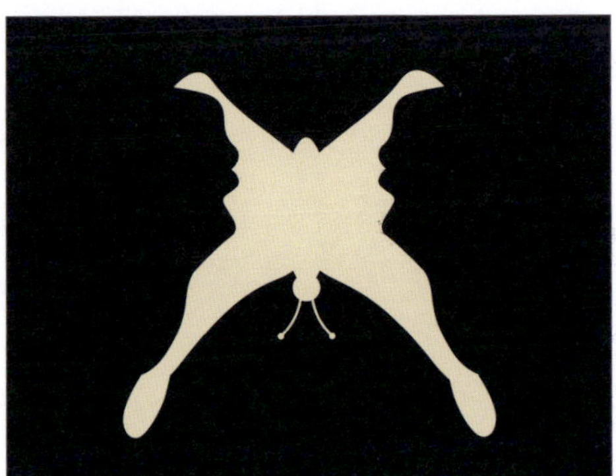

Quand je suis EN COLÈRE

La colère, elle est là, elle nous tombe dessus, c'est une réponse à une attitude, ou à une situation, extérieure, **qui échappe à notre contrôle**. Elle peut être très intense, mais **elle finit toujours par se calmer**, mais chacun réagit différemment. Je peux être agressif, je peux bouder, je peux fuir, je peux crier, et je peux aussi m'affirmer.

Lors de ta dernière colère à propos de ce que tu sais, **comment te sentais-tu ? Comment as-tu fait pour te calmer ?**

JE ME SENS...

TRISTE
Snif, ça fait mal !

DÉÇUE
Mais pourquoi ?

EFFRAYÉE
Mais pourquoi ?

HARGNEUSE
Je ne lâcherai jamais !

EXASPÉRÉE
Non, mais franchement !

REVANCHARDE
Je vais me venger !

FURIEUSE
Je vais le @#&$* !

Non, mais franchement,

ÇA ME SAOULE GRAVE

Tu peux mettre **des prénoms** (en principe, si la personne t'agace un peu/beaucoup), ta colonne 🙂 devrait restait immaculée !

Situations				

Quelle est la couleur de TES ÉMOTIONS ?

→

- ☐ **1.** Je ne perds jamais mon calme.
- ☐ **2.** Je ne supporte pas les tensions.
- ☐ **3.** Je suis très souvent déçue par les autres.
- ☐ **4.** Les sujets sérieux m'ennuient vraiment.
- ☐ **5.** Je n'ai aucun sens de la repartie.
- ☐ **6.** Je me lie rapidement.
- ☐ **7.** Je suis très diplomate.
- ☐ **8.** Je réagis au quart de tour.
- ☐ **9.** Je ne sais pas me mettre en avant.
- ☐ **10.** Je suis une passionnée.
- ☐ **11.** Je suis très observatrice.
- ☐ **12.** Je suis assez joyeuse.
- ☐ **13.** Je préfère les longues relations.
- ☐ **14.** Je pleure facilement.
- ☐ **15.** Je pense que je donne plus que ce que je reçois.
- ☐ **16.** J'ai toujours quelqu'un à voir.

1	2	3	4	5	6	7	8	9	10	11	12	13	14	15	16
A	D	B	C	D	C	A	B	D	B	A	C	A	D	B	C

UNE MAJORITÉ DE A

Ta couleur est le bleu. Tu es plutôt une personne calme, qui sait écouter, gérer les conflits en apportant ta « sagesse ». En amour comme en amitié, tu n'aimes pas les relations passionnelles, qui changent du jour au lendemain. Tu sais prendre du recul et relativiser.

UNE MAJORITÉ DE B

Ta couleur est le rouge. Tu es quelqu'un de généreux, empathique mais aussi d'extrêmement sensible. Tu juges trop rapidement une situation et perds parfois ton sang-froid. En amour, c'est tout ou rien, tu recherches les émotions fortes et quand elles s'affaiblissent, tu pars. Tu es assez lunatique au travail, parfois super motivée et productive, d'autres fois, sombre et agressive.

UNE MAJORITÉ DE C

Ta couleur est le jaune. Tu es super sociable, à l'aise partout. Tu es une personne curieuse et audacieuse. Pour certains, tu en fais trop, pour d'autres, tu es trop superficielle et perso, et parfois même dans le déni face à une situation grave. En amour, tu cherches quelqu'un qui t'impressionne et dont l'image t'importe auprès de tes amis, c'est le power couple !

UNE MAJORITÉ DE D

Ta couleur est le rose. Tu es plutôt une personne discrète, voire timide. Cette réserve te rend parfois invisible ou te fait passer pour quelqu'un qui reste trop en retrait et qui n'ose jamais s'exprimer. Mais ta douceur, ta bienveillance et ton humeur toujours égale sont très appréciées par ton entourage.

Garder son SELF-CONTROL

Tu vois le personnage de **Hulk, alias le docteur Robert Bruce Banner** dans la vraie vie, c'est un homme plutôt *chill*. Mais dès qu'une personne l'irrite un peu, lui, au lieu de respirer calmement et profondément avant de réagir, **il se transforme en super-héros bodybuildé, vert de rage !** Bon, après, il est hyper fort et il casse tout. C'est bien dans les films, moins dans la vie !

Essaie de te dessiner **quand tu es en colère, tu ressembles à quoi ?** Utilise ta colère pour te défouler de manière créative !

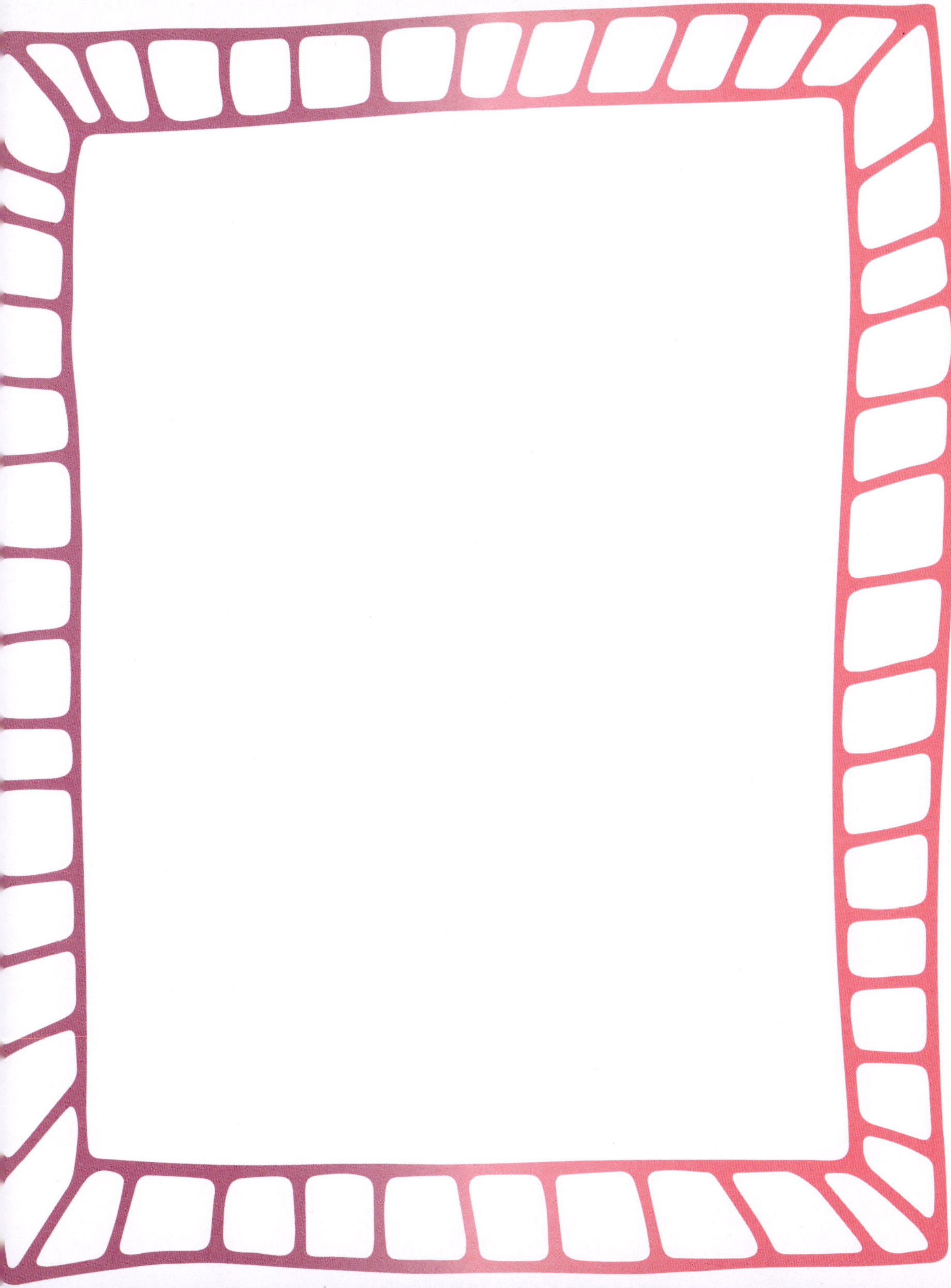

Pourquoi C'EST GÉNIAL d'être en couple avec moi

Fais une **liste des qualités** qui font de toi **quelqu'un d'inoubliable et d'exceptionnel,** avec qui on peut être en couple les yeux fermés !

ELLES
l'ont dit

Quelle est **la citation** parmi les suivantes **qui t'inspire le mieux** ?
Après, ce sera à toi d'écrire la tienne !
Si ce n'est pas du ***girl power***, ça !

« Écrire dans mon burn book mes pensées les plus noires m'ont aidée à oublier les attaques, les ressentiments à mon égard, la haine que je pouvais susciter auprès de mon peuple. Moi aussi, je suis parfois en colère, mais j'ai fait de mon mieux pour proposer des solutions. »

Angela Merkel, chancelière allemande pendant tant d'années.

« Parce que régner depuis presque 70 ans, ce n'est pas vraiment une tasse de tea, j'écris chaque jour dans mon burn book, et j'avoue que ça me réussit bien, isn't it ? ».

ELISABETH II, REINE D'ANGLETERRE DEPUIS TANT D'ANNÉES.

« Quand je vois que Jay Z sort un peu trop sans moi, que j'ai un peu moins confiance en lui, je prends mon burn book et j'écris des chansons, oui, la colère est source de création, baby. »

Beyoncé, chanteuse américaine à succès depuis tant d'années.

« Honestly, quand je regarde le monde, ce qui se passe chaque jour aux States contre les minorités, contre les femmes, j'ai vraiment des raisons de m'énerver, de me mettre en colère. Si je suis si puissante today, c'est que j'ai su éteindre les flammes de ma rage dans mon burn book. Et ça a marché, mais le combat n'est pas fini. »

OPRAH WINFREY, ANIMATRICE ET PRODUCTRICE HYPER PUISSANTE DE TALK-SHOWS DEPUIS TANT D'ANNÉES.

« Ça me saoule grave que les gouvernants ne se bougent pas plus pour la Terre. Elle est en train de brûler et ils ne sentent même pas les flammes. Moi, chaque jour, j'écris mes plans d'action dans mon burn book (c'est le cas de le dire) pour sauver notre planète. Il vaut mieux que ce moi qui m'échauffe que la planète ! »

GRETA THUNBERG, MILITANTE ÉCOLOGISTE SUÉDOISE DEPUIS TANT ANNÉES.

À TON TOUR :

*Toutes ces citations sont fausses mais elles auraient pu être vraies :)

COMMENT ÉVITER

les boulets/parasites/nuisibles ?

Pour **apprendre à s'aimer**, à avoir confiance en soi, à se respecter, il est important, que dis-je, vital, de **fuir les relations toxiques**, qu'elles soient amicales ou amoureuses. Si tu ressens cette toxicité en présence de certaines personnes, **tu dois agir**, en parler avec quelqu'un de confiance, partir, rompre, ou régler avec fermeté ces déséquilibres, **afin que ton estime de toi ne soit plus en souffrance**.

- [ ] *Tu te sens invisible, c'est-à-dire que tu as le sentiment de ne pas être entendue ou comprise ?*

- [ ] *Tu doutes de toi car la personne remet en cause tout ce que tu fais ?*

- [ ] *Tu as peur car cette personne te laisse croire qu'elle pourra te faire du mal d'une manière ou d'une autre (émotionnel, physique ou sexuel).*

- [ ] *Tu n'es pas bien car cette personne te laisse croire que la jalousie signifie qu'elle t'aime alors que ce n'est qu'un signe d'insécurité de sa part.*

- [ ] *Tu vis dans le doute car cette personne t'affirme que quelque chose est (ou n'est pas) arrivé ou est faux.*

- [ ] *Cette personne décide à qui tu peux parler, avec qui passer du temps, ce que tu dois porter, faire, ressentir, etc.*

NE SUBIS JAMAIS CES SITUATIONS,

fuis-les dès que tu peux, tu mérites mieux !

La carte mentale
DE L'APAISEMENT

Tu peux t'amuser à faire ta propre **carte mentale** pour lutter contre la colère qui t'envahit quand tu entends prononcer le prénom de..

À toi de trouver d'autres astuces-défouloirs !

Je pense à quelqu'un que j'aime

Je ferme les yeux et je respire longuement en faisant le vide dans ma tête.

Je suis super en colère contre toi, mais j'apprends à me calmer.

Je vais faire du sport et me débarrasser de toute cette rancœur.

LES RÈGLES D'OR

pour protéger ses amitiés

→

L'amitié, c'est parfois, les montagnes russes, il y a des hauts et des bas, il faut savoir gérer. La voix de la sagesse parle (c'est moi 😛).

- Accepte tes ami.e.s avec leurs petits défauts. Leurs qualités sont bien plus grandes, tu le sais bien.

- Tu n'es pas parfait.e non plus, donc, ne demande pas à l'autre de changer et cesse de lui faire des reproches en permanence.

- Les conseils, c'est bien, mais il ne faut jamais en abuser, c'est un peu pénible à la longue.

- Ne critique pas les ami.e.s de tes amis ou les couples de tes ami.e.s même si tu ne les aimes pas trop.

- La vraie vie, c'est partager plein de moments avec ses ami.e.s et d'oublier tous ses soucis !

LETTRE À MOI

(mais quand j'étais un peu plus jeune !)

Repense à un moment de ta vie **où tu étais vraiment mal** à cause d'une rupture amoureuse ou amicale, d'un conflit au travail, de relations difficiles avec des proches.

Remplis cette lettre et **sois sympa avec toi-même.**

Chère ______________________________

Je sais que tu as connu des moments difficiles lorsque tu (décris la situation) ______________________________

____

____

C'est tout à fait normal que tu aies ressenti (décris tes ressentis d'alors) ______________________________

____

____

Je pense que tu es trop dure avec toi-même et je sais, en tant que moi, que tu vas surmonter ces moments car (raconte comment tu as surmonté ta peine) ______________________________

____

____

____

N'oublie jamais que tu as une super personnalité et que tu as plein de qualités. Regarde, (décris tes qualités), tu es ______________________________

puis ______________________________

et encore ______________________________

Sache que je t'aime et que je suis avec toi !

Tu vas y arriver, t'es la meilleure !

VOICI
mes derniers mots

→

Voici **un exutoire intelligent !**
On a le droit d'écrire des messages
tout en s'instruisant !

Dans cette méga-grille que je t'ai concoctée,
retrouve 12 mots ou expressions
de ce que tu ressens en ce moment.

- FRANCHEMENT
- SI TU SAVAIS
- COMME
- JE ME FICHE
- DE TOUT
- CE QUE TU DIS
- SUR MOI
- J'AI TOURNÉ
- LA PAGE
- ET JE ME SENS
- TELLEMENT
- BIEN

D	W	N	B	I	E	N	G	U	P	A	M	K	H
P	M	N	Z	S	I	T	U	S	A	V	A	I	S
D	L	H	F	C	O	M	M	E	J	F	Z	W	C
J	Q	J	A	I	T	O	U	R	N	É	P	W	T
P	E	O	H	I	D	E	T	O	U	T	T	Q	I
R	J	E	M	E	F	I	C	H	E	W	U	K	Z
E	C	C	W	X	J	L	S	L	A	P	A	G	E
B	Y	S	U	R	M	O	I	T	Z	N	I	G	D
G	E	C	U	Q	S	J	K	X	T	I	M	L	M
H	R	G	Z	T	E	L	L	E	M	E	N	T	V
Y	Z	H	P	E	T	J	E	M	E	S	E	N	S
W	K	M	F	M	A	S	A	S	I	C	H	D	I
J	I	T	F	R	A	N	C	H	E	M	E	N	T
G	O	C	E	Q	U	E	T	U	D	I	S	R	U

Et la colère DISPARUT

Pour éteindre la, ou les colères, que tu ressens envers une ou plusieurs personnes et/ou situations, il est nécessaire de faire **un vrai travail sur soi**. L'idée, c'est d'avancer et de tourner la page (c'est le cas de le dire, haha). Mais tu sais que la colère peut être source d'inspiration et, c'est ça qui est bien. Des artistes utilisent leur rage pour créer des chansons, des œuvres d'art, des poèmes, etc.

Lorsque tu es en colère contre une personne, **ouvre ton burn book** et écris, dessine, gribouille et, là, sans t'en rendre compte réellement, **tu crées déjà.** Tu peux également transformer cette puissance colérique en quelque chose de constructif : t'engager dans une cause qui t'importe, donner de ton temps pour aider les gens, etc.

Et toi qu'aimerais-tu faire pour libérer ta colère, là tout de suite ?

Illustrations couverture et intérieure : © Shutterstock
Photos couverture et intérieur : archives personnelles de l'auteur

Ouvrage dirigé par Candice Roger
Correction : Isabelle Raimond – Le livre d'après
Conception graphique et mise en page : Studio Blick

34-36, rue La Pérouse, 75116 Paris.
www.hugopublishing.fr

ISBN : 9782755699739
Dépôt légal : octobre 2022
Imprimé par Mpaper

Girl Power
SUPERSTAR

Girl Power
Hello

XOXOXO
SUPERSTAR
Be Mine

SUPERSTAR
Girl Power

MADE WITH LOVE • MADE WITH LOVE •
LOVE
XOXOXO

Be Mine

XOXOXO

SUPERSTAR